SELBST GESTEMPELT

Tolle Ideen für Stoff und Papier

COPPENRATH

INHALT

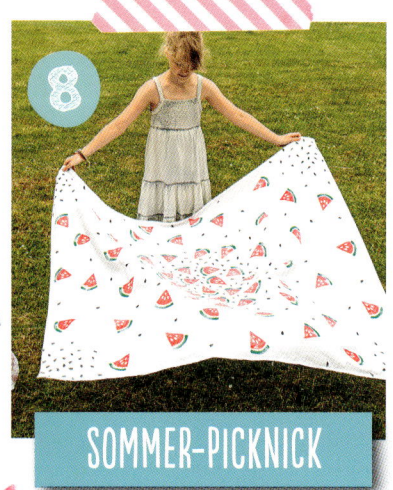

16 COOLE TATTOOS

18 SOMMERROMANZE

20 BEACH, BABY!

22 ZICKZACK-ALBUM

24 ROBOTER ZUM KUSCHELN

26 HITZE OLÉ OLÉ

28 MURMELBEUTEL

30 VORLAGEN

BUNTE ARMPARTY

Material

* ★ Schere
* ★ Baumwollband, 1 cm breit
* ★ Lappen
* ★ verschiedene Schrauben, Dübel und Nägel
* ★ Textilstempelkissen in Neonpink, Gelb, Blau, Schwarz und Grün

4

Je bunter, desto besser: Mustermix auf deinem Armband mit Schrauben, Dübeln und Nägeln.

Mit Schrauben, Nägeln und Dübeln kannst du unterschiedliche Muster stempeln. Schaue sie dir mal genau an: Es gibt Kreuze, Schlitze, Punkte, Kreise. Sogar die Schraubengewinde sind toll zum Drucken.

Schneide ein 20–25 cm langes Stück Band ab ❶ und lege es zum Bestempeln auf einen Lappen, dann ist der Untergrund weicher und der Abdruck wird deutlicher.

Nimm eine Schraube, drücke den Schraubenkopf ein paar Mal auf ein Stempelkissen und dann auf das Band ❷.

Jetzt probiere eine andere Schraube und eine andere Farbe. Dann vielleicht mal einen Dübel, einen Nagel und immer so weiter ❸.

Mit dem Schraubengewinde kannst du übrigens feine Zickzack-Muster stempeln. Einfach längs auf das Stempelkissen drücken und dann schräg auf dein Band drucken, wobei der Schraubenkopf über die Tischkante hinausragt ❹.

Lasse die bestempelten Bänder gut trocknen und bügele sie dann von der Rückseite, um die Farbe zu fixieren. Fertig ist das Armband, das du dir um dein Handgelenk knotest.

KRINGELIGER BÜCHERWURM

Material

* Vorlage (Seite 30)
* Schere
* Tonkarton (z. B. in Grün oder Rosa)
* Bleistift
* Saum einer alten Jeanshose
* Gummiband
* Stempelkissen in Schwarz
* Wackelaugen
* Bastelkleber
* Buntstifte in Schwarz und Rosa
* Bastelfilzreste
* Locher
* Wollreste

Ein Lesezeichen für Vielleser! Der Bücherwurm als Begleiter auf spannenden Leseabenteuern durch dicke und dünne Bücher.

Kopiere den Bücherwurm von Seite 30 und schneide ihn aus.

Lege die Vorlage auf den Tonkarton und ziehe mit einem Bleistift den Umriss nach. Dann schneidest du den Wurm aus .

Aus dem Saum der Jeanshose machst du dir einen Stempel. Das geht ganz einfach: Die Seitennaht aufschneiden, aufrollen und dann ein Gummiband über die Rolle ziehen .

Stempele dem Wurm auf beiden Seiten schöne Spiralen. Lasse aber an einem Ende etwas Platz für das Gesicht .

Nun kannst du die Wackelaugen aufkleben, einen Mund dazu malen und die Wangen rosa färben ④. Dann schneide eine kleine Mütze oder einen Hut aus Filz aus und klebe ihn auf den Kopf des Wurms. Auf die Rückseite könntest du dem Wurm ein schlafendes Gesicht malen ⑤.

Jetzt stanze mit dem Locher ein Loch in das untere Wurmende. Schneide ein paar gleich lange bunte Wollfäden zurecht und ziehe sie durch das Loch ⑥. **Fertig!**

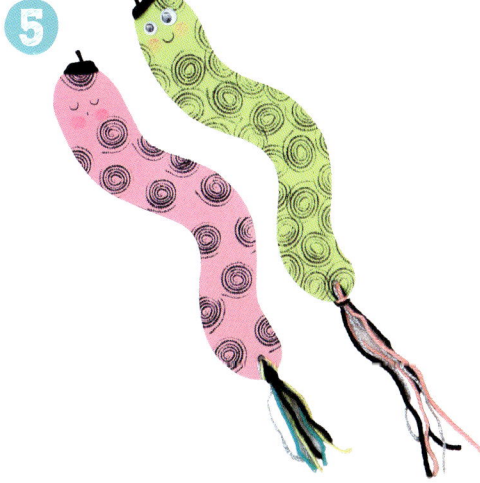

SOMMER-PICKNICK

Ein schattiges Plätzchen, eine Decke, ein paar Freunde und leckeres Essen – so lässt es sich aushalten im Sommer bei Sonnenschein. Und wie du deine Decke mit passenden Melonenstücken verzierst, wird dir hier erklärt.

Zuerst schneidest du die Kartoffel so durch, dass eine möglichst große Fläche entsteht **1**. Dann schneidest du daraus ein Dreieck mit einer abgerundeten Ecke als Melonenstück **2**.

Zeichne mit dem Buntstift ein paar Kerne darauf und höhle sie vorsichtig mit dem Schälmesser aus **3**.

Auf einen Kartoffelrest kannst du einen Melonenkern zeichnen und mit dem Messer drum herum alles frei schnitzen.

Lege den Boden mit Papier aus und breite die Decke darüber. Jetzt tupfst du mit einem Schwämmchen rote Farbe auf den Melonenstempel **4**.

Beginne in der Mitte der Decke mit dem Drucken. Nach außen kann das Muster etwas lockerer werden. Nimm für jeden Abdruck frische Farbe. Lasse zwischen den Melonenstücken etwas Platz für die Kerne und die Schalen.

Male mit dem Pinsel die grüne Schale an die Rundungen der Melonen **5**.

Zum Schluss stempelst du die schwarzen Kerne in die Lücken. In den Ecken können es ruhig ein paar mehr sein **6**. Lasse die Picknickdecke über Nacht trocknen. Dann bügelst du sie von der Rückseite, um die Farbe zu fixieren.

Wassermelone

Kerne

Material

* Schälmesser
* große Kartoffel
* Buntstift
* Papier zum Abdecken
* Tischdecke oder Bettlaken aus Baumwolle oder Leinen in Weiß
* Spülschwamm, zerteilt
* Textilfarbe in Rot, Grün und Schwarz
* Borstenpinsel in Größe 6 oder 8

4

5

6

9

Material

* Cutter
* Saftkarton
* Schere
* Klappkarten in Weiß
* Bleistift
* Kugelschreiber
* kleine Linoldruckwalze
* Linoldruckfarbe
* Papier zum Probedrucken
* Löffel
* Lappen

GRÜSSE AUS DER FERNE

Kein Urlaub ohne Postkarten, besonders schöne Feriengrüße machst du am besten selbst. Ob Oma, Onkel oder Freundin, da freut sich jeder über Post im Briefkasten.

Mit dem Cutter schneidest du den Saftkarton auseinander. Beginne am Deckel ❶+❷. Bitte einen Erwachsenen, dir dabei zu helfen. Schneide ein Rechteck zu, das gut auf die Karte passt.

Hast du schon eine Idee für deinen Feriengruß? Zeichne dein Motiv mit Bleistift auf die silberne Kartonseite. Dann fahre die Linien mit dem Kugelschreiber nach ❸. Dabei musst du ganz fest aufdrücken. Das ist deine Druckvorlage.

Walze auf einem Rest Saftkarton etwas Linolfarbe aus. Dann färbst du mit der Walze die Druckvorlage ein ❹.

Anschließend legst du ein Papier darauf und reibst mit dem Löffel über die Rückseite des Papiers ❺.

Achte darauf, das Papier überall gut anzureiben, damit das Motiv deutlich abgedruckt wird. Hebe das Blatt an einer Ecke an und ziehe es vorsichtig von der Druckvorlage ab ❻.

Material

* Knetmasse
* Bleistift
* Baumwollkopftuch, 40 cm x 40 cm
* Textilstempelkissen in Schwarz

FERIEN AHOI!

Piratenstarke Abenteuer warten auf dich mit diesem coolen Tuch. Losstempeln, aufsetzen, losbrüllen – und alle werden vor dir zittern!

Nimm etwas Knetmasse und forme daraus eine Birne. Drücke sie auf dem Tisch auf einer Seite etwas platt **1**.

Mit dem Bleistift pikst du ein Totenkopfgesicht in die glatte Fläche: Die Augenhöhlen machst du mit dem Bleistiftende. Zähne und Nasenlöcher kannst du mit der Bleistiftspitze eindrücken **2**.

Nun lege den Totenkopf für ein paar Minuten in den Kühlschrank. Nimm noch ein Stück Knete und forme daraus einen Knochen. Auch er wird auf dem Tisch platt gedrückt und darf dann einen Moment in den Kühlschrank **3**.

In der Zwischenzeit kannst du das Kopftuch bügeln. Dann nimmst du die Knetstempel aus dem Kühlschrank und los geht's! Drücke die Knetstempel vorsichtig einige Male auf das Stempelkissen. Dann druckst du damit Totenköpfe auf das Tuch. Zwischen die Köpfe kommen die Knochen. Die Knetstempel werden nach einigen Abdrücken etwas platt, aber dann kannst du sie einfach nachformen oder frische Totenköpfe und Knochen machen **4**.

Das Tuch trocknen lassen und von der Rückseite bügeln, um die Farbe zu fixieren.

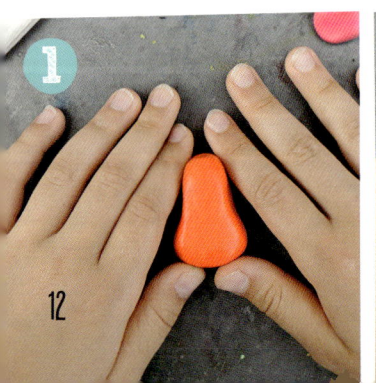

Material

* spitze Schere, evtl. Cutter
* Aktenhülle
* Vorlage (Seite 31)
* feiner Folienschreiber
* feuchtes Tuch
* Pappe
* T-Shirt aus Baumwolle in Weiß
* Kreppklebeband
* Schwämmchen
* Textilmalfarbe in Gelb und Neonrot

Wow, jetzt hast du ein echt cooles Superhelden-Shirt!

SUPERHELDEN-ALARM

Zieh dein Superhelden-Shirt an und rette die Welt!
Was, du hast keins? Dann mach dir schnell eins ...

Schneide die Kanten der Aktenhülle ab, dann erhältst du zwei Folien. Lege eine auf die gelbe Vorlage auf Seite 31 und zeichne die Umrisse mit dem Folienschreiber nach. Nun mache das Gleiche mit der roten Vorlage. Anstelle des „S" kannst du natürlich auch einen anderen Buchstaben zeichnen.

Schneide vorsichtig die Vorlage aus ❶. Bitte einen Erwachsenen, dir an den schwierigen Stellen mit dem Cutter zu helfen.

Entferne von deiner Vorlage die schwarzen Linien des Folienschreibers mithilfe eines feuchten Tuches ❷.

Lege eine Pappe in das T-Shirt. Befestige die Schablone für die gelbe Farbe mit Kreppband. Nimm mit dem Schwamm ein wenig Farbe auf und tupfe behutsam über die Schablone. Lieber wenig Farbe nehmen, dann werden die Kanten schöner ❸.

Die Schablone vorsichtig abnehmen. Farbe trocknen lassen. Danach befestigst du die andere Schablone auf dem T-Shirt und tupfst die rote Farbe auf ❹.

Entferne die Folie und lasse das Shirt über Nacht trocknen. Dann bügele es von der Rückseite, um die Farbe zu fixieren.

Material

* ★ Schere
* ★ Papier
* ★ Maßband
* ★ Stecknadeln
* ★ Stoffreste oder altes Bett-
  laken in Weiß
* ★ Stoffschere
* ★ Luftpolsterfolie
* ★ Spülschwamm
* ★ Acrylfarben in Gelb, Rot,
  Rosa und Mintgrün
* ★ Schrägband in Gelb,
  vorgefalzt (3 m)
* ★ Nadel und Faden

LASST UNS DEN SOMMER FEIERN!

Egal ob Gartenfest, Geburtstag oder einfach so, diese Girlande schmückt und stimmt vergnügt.

Schneide aus Papier ein Dreieck mit 15 cm langen Seiten aus. Stecke diese Vorlage mit ein paar Stecknadeln auf den Stoff und schneide drum herum. Insgesamt brauchst du 12 Wimpel. Wenn du den Stoff doppelt legst, kannst du zwei Dreiecke auf einmal zuschneiden ❶.

Schneide vier etwas größere Wimpel aus Luftpolsterfolie aus, das sind deine Druckvorlagen. Schneide den Spülschwamm in vier Teile, pro Farbe einen. Tupfe nun Farbe auf einen Folienwimpel ❷.

Dann legst du die Folie auf einen Stoffwimpel und drückst ihn an. Nimm die Folie vorsichtig wieder ab ❸.

Bedrucke jeweils drei Wimpel mit der gleichen Farbe. Sobald die Wimpel trocken sind, kannst du sie an das Schrägband nähen. Lass am Anfang und am Ende des Bandes etwa 40 cm frei zum Festknoten. Dann verteilst du die Wimpel gleichmäßig über das Schrägband und steckst sie mit Nadeln fest. Nähe mit Nadel und Faden alles zusammen ❹.

FERIEN-TAGEBUCH

Tausend Erlebnisse, Indianerspiele und Raubzüge? Mache ein Ferientagebuch, damit du alle Erlebnisse und Eindrücke hautnah festhalten kannst.

Pause mit Bleistift und Transparentpapier das Indianermotiv ab. Um das Motiv zu übertragen, legst du das Papier mit der Zeichnung nach unten auf das Moosgummi und reibst mit den Scherengriffen darüber **1**.

Schneide die Motive aus und ritze mit dem Kugelschreiber Striche, Punkte, Zacken und Spiralen hinein **2**!

Nun drücke die Formen auf die klebende Fusselrolle **3**.

Rolle damit über das Stempelkissen, bis überall genug Farbe ist, **4** und mache eine Stempelprobe. Du kannst die Formen abnehmen und neu anordnen, bis du mit deiner Stempelrolle zufrieden bist.

Dann rollst du einige Male über das Stempelkissen und danach langsam über die obere Hälfte des Buches **5**.
Jetzt nimm noch einmal Farbe auf und rolle langsam über die untere Hälfte .

Material

* Bleistift
* Transparentpapier
* Vorlage (Seite 30)
* Moosgummi
* Schere
* Kugelschreiber
* Fusselrolle mit Klebeblättern
* Bürostempelkissen in Schwarz, 11 cm x 7 cm groß
* Skizzenbuch oder Heft mit hellem Umschlag

COOLE
TATTOOS

Material

* Bleistift
* Vorlage (Seite 30)
* Transparentpapier
* weiche Radiergummis
  in Weiß
* Linolbesteck
* Tattoo-Stempelkissen

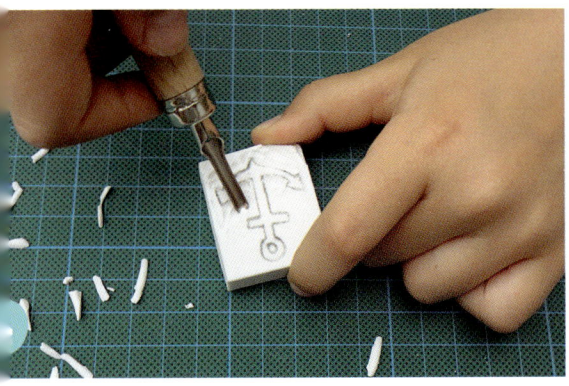

Keine Sorge: Die gehen wieder ab! Mithilfe eines selbst gebastelten Stempels kannst du dir deinen Arm ganz leicht selbst tätowieren.

Aus Radiergummis lassen sich ganz leicht Stempel schnitzen. Mit einer hautfreundlichen Stempelfarbe kannst du dir so dein eigenes Tattoo stempeln!

Zeichne ein Tattoo-Motiv von Seite 30 oder dein eigenes Motiv mit Bleistift auf ein Stück Transparentpapier ❶.

Lege das Papier mit der Zeichnung nach unten auf den Radiergummi und drücke die Zeichnung gut an. So überträgst du das Motiv spiegelverkehrt ❷.

Mit dem Linolbesteck schnitzt du nun das Gummi um die Zeichnung herum weg ❸ + ❹.

Vielleicht stempelst du zwischendurch mal zur Probe, dann siehst du, wo noch etwas weggeschnitten werden muss ❺.

Auf die Oberarme, fertig, los!

TIPP

Mit den Radiergummis kannst du alles Mögliche bestempeln. Sie sind unempfindlich und lassen sich leicht unter fließendem Wasser reinigen. Wie wäre es zum Beispiel mit einer schicken Kiste für deine gesammelten Schätze?

SOMMERROMANZE

Schreibe deine eigene kleine Sommergeschichte und erwecke sie durch ein Daumenkino zum Leben. Wutsch – und Happy End!

Denke dir eine kleine einfache Geschichte für dein Daumenkino aus: ein schwimmender Fisch, eine krabbelnde Spinne oder magst du lieber eine summende Biene?

Am besten machst du erst einmal ein paar Stempelproben: Zeigefinger, Daumen, kleiner Finger, Fingerspitzen, seitliche Fingerspitze. Dann überlegst du dir eine Figur und eine Bewegung für dein Daumenkino ❶.

Teile die Bewegung deiner Figur in mehrere Schritte auf. Mache für jeden Schritt mindestens drei gleiche Bilder und achte darauf, dass die Figur immer an der gleichen Stelle ist ❷ + ❸. Am besten machst du dir vor jedem Schritt eine einfache Zeichnung.

Wasche den Finger, bevor du eine andere Farbe stempelst ❹.

Stempele erst die Fingerabdrücke auf die Karteikarten und zeichne dann mit dem Fineliner den Rest dazu ❺.

Lege die Bilderstapel in der richtigen Reihenfolge aufeinander. Die Klammer hält alles gut fest ❻.

Und jetzt: Film ab!

Material

* Stempelkissen in Bunt
* Karteikarten in Weiß, 1 Päckchen
* Fineliner
* Schale mit Wasser
* kleines Handtuch
* Foldback-Klammer in Weiß

19

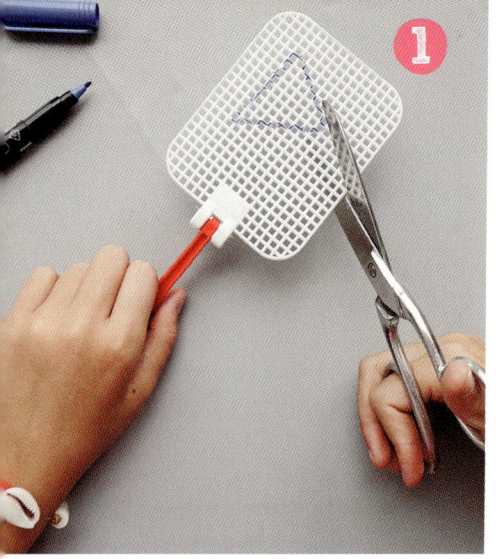

BEACH, BABY!

Es ist viel zu heiß? Nichts wie an den Strand. Mit dieser selbst gestempelten Strandtasche drehen sich alle Köpfe nach dir um.

Lege eine Pappe in die Tasche, damit die Farbe nicht durchdrückt.

Schneide aus dem Fliegenklatschengitter ein kleines Dreieck. Du kannst es dir auch vorzeichnen ❶.

Lege es einfach auf dein Stempelkissen und drücke einige Male mit den Fingern darauf.

Jetzt stempelst du damit die Eishörnchen auf die Tasche: drei oben, zwei versetzt in der Mitte, drei unten. Du kannst dir vorher mit Papierschnipseln die Stellen markieren, damit die Abstände gleichmäßig werden ❷.

Mit Korken stempelst du je drei Eiskugeln auf die Hörnchen ❸.

Lust auf Eis? Mache eine Pause, während die Stempelfarbe trocknet. Danach bügelst du die Tasche von der Rückseite, um die Farbe zu fixieren.

Geschafft!

TIPP

Noch schicker sieht die Tasche aus, wenn du die Tragegriffe abschneidest und durch coole neonblaue Gurtbänder ersetzt! Nimm das Gurtband und schneide es in der Mitte durch. Nähe die Gurtbänder innen auf den Nähten der abgeschnittenen Griffe fest.

Und jetzt ab an den Strand!

Material

* Pappe
* Baumwolltasche in Weiß
* Schere
* Fliegenklatsche
* Textilstempelkissen (oder Stoffmalfarben und ein paar Schwämmchen) in Schwarz, Neonpink, Neongrün und Neonblau
* Korken, mindestens 3 Stück
* Gurtband in Neonblau, 1 m (optional)

ZICKZACK-ALBUM

Wie schön ist es, in den Urlaubserinnerungen zu schwelgen ...
Bastle dein Fotoleporello, für die schönsten Schnappschüsse.

Material

* 7 Bogen Fotokarton in Weiß, A4
* Klebestift
* Gummiringe
* Bauklötze
* Stempelkissen in Pink, Neonorange und Schwarz
* Fotokarton in Creme, 32 x 21,5 cm, für den Umschlag
* Nagelschere
* Band, 1 cm breit
* 2 Musterklammern
* Dickes Papierstück in Weiß für das Etikett

Falte mittig die kurzen Kanten der weißen Fotokartonblätter aufeinander. Öffne ein Blatt und bestreiche die rechte Hälfte mit dem Klebestift. Öffne das nächste und lege es mit der rechten Hälfte auf die Klebeseite des ersten Blattes. Klebe so alle Blätter zu einem Leporello **1**.

Streife Gummibänder um zwei quadratische Bauklötze **2**.

Damit stempelst du ein Schachbrettmuster auf den cremefarbenen Fotokarton: Orange waagerecht und Pink senkrecht **3**.

Nun faltest du den Umschlag, sodass hinten ein 1 cm breiter Rücken entsteht: Lege die kurzen Seiten aufeinander, schiebe die obere Kante 1 cm nach unten und falze. Dann wende das Papier und wiederhole das Ganze. Runde die Ecken mit der Nagelschere ab.

Bohre mit der Schere Löcher für die Bänder. Schneide zwei Stücke Band und bohre je in ein Ende ein Loch. Stecke die Klammern durch den Umschlag und befestige innen daran die Bänder **4**.

Klebe die Rückseite der letzten Seite an den Umschlag. Schneide ein Etikett zu und klebe es außen auf den Umschlag auf **5**.

Mache einen lustigen Smiley-Stempel! Streiche einen Bauklotz mit Kleber ein und lege einen kleinen Gummiring darauf. Schneide Gummistücke für Augen und Mund und drücke sie auf den Kleber **6**.

Klasse, jetzt fehlen nur noch deine Urlaubsfotos!

TIPP

Mache dir doch ein ganzes Stempel-Abc! Zeichne die Buchstaben spiegelverkehrt auf. Streiche sie mit Klebestift ein. Jetzt klebst du passende Gummistückchen auf die Zeichnung.

ROBOTER ZUM KUSCHELN

Dieses Kissen ist viel zu schön, um nur im Bett herumzuliegen. Schließlich möchte dein Roboter auch etwas von der Welt sehen ...

Hast du noch irgendwo Duplo- und Legosteine herumliegen? Damit kann man herrlich Roboter stempeln! Setze die Steine auf dem Tisch zu einer Figur zusammen **1**.

Jetzt lege ein Stoffquadrat auf ein altes Handtuch. Mit einem Schwämmchen tupfst du die Farbe auf einen Stein. Stempele nun Stein für Stein auf den Stoff. Gesicht und einige Knöpfe kannst du in Neongrün und Neonrot stempeln **2** + **3** + **4**.

Bedrucke das zweite Stoffquadrat mit einem Muster aus allen Steinen **5**. Stelle dir einfach einen Roboter nach einer Kissenschlacht vor ...

Lasse beide Stoffe gut trocknen und bügele sie von der Rückseite. Lege die Quadrate mit den bestempelten Seiten aufeinander und nähe sie zusammen. Entweder du bittest jemanden, dir mit der Nähmaschine zu helfen, oder du nähst das Kissen mit der Hand. Nähe 1 cm vom Rand entfernt die Teile zusammen **6**. Lasse aber an der unteren Seite in der Mitte 10 cm offen. Dann wende das Kissen und stopfe es mit Füllwatte aus **7**.

Zum Schluss nähst du die Öffnung zu **8**.

Material

★ Duplo- und Legosteine
★ 2 x Baumwollstoff in Weiß, 42 cm x 42 cm groß
★ altes Handtuch
★ 3 Schwämmchen
★ Textilfarbe in Schwarz, Neongrün und Neonrot
★ Nadel und Faden
★ etwa 200 g Füllwatte

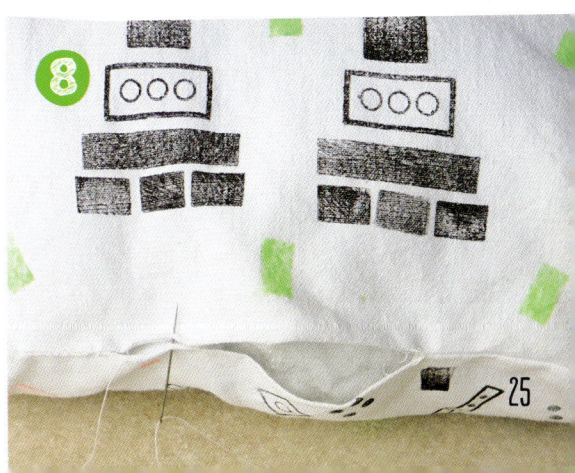

HITZE OLÉ OLÉ

Dir ist heiß? Da hilft ein Fächer! Dieser hier ist dank des tollen Spitzenmusters ein richtiger Blickfang.

Schneide aus dem Tonpapier drei 21 cm x 18 cm große Rechtecke. Aus dem weißen Papier schneide oder stanze zwei Kreise mit etwa ø 5 cm aus.

Material

* Schere
* Lineal
* Tonpapierbogen in deiner Lieblingsfarbe
* Tonkartonrest oder Pappestück in Weiß
* 1–2 Tortenspitzen
* halber Spülschwamm
* Acrylfarbe oder Wandfarbe in Weiß
* Heißklebepistole
* Holzstiel
* 2 kleine Knöpfe
* Altpapier zum Abdecken

Und nun druckst du das Tortenspitzenmuster auf die Tonpapiere. Mit einem Schwamm geht das ganz leicht: Lege das Tonpapier mit einer kurzen Seite zu dir. Nun lege eine Tortenspitze darauf. Die obere Tonpapierkante sollte noch überstehen. Tupfe mit dem Schwamm vorsichtig die weiße Farbe über die Tortenspitze **1**.

Nimm die Spitze langsam ab **2**. Bedrucke die unteren Kanten genauso. Dann bedruckst du noch die Rückseite. Sollte die Spitze reißen, nimm einfach eine neue.

Die trockenen Papiere faltest du zu drei Fächern. Beginne mit einer Längskante und falte sie 2 cm um. Jetzt drehe das Papier um und falte wieder 2 cm um und immer so weiter. Dann knickst du die Fächer einmal genau in der Mitte **3**.

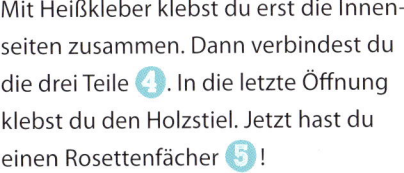

Mit Heißkleber klebst du erst die Innenseiten zusammen. Dann verbindest du die drei Teile **4**. In die letzte Öffnung klebst du den Holzstiel. Jetzt hast du einen Rosettenfächer **5**!

Mache einen Klecks Kleber in die Mitte der Rosette und lege einen weißen Papierkreis darauf. In die Mitte klebst du einen kleinen Knopf. Mache es auf der Rückseite ebenso **6**.

27

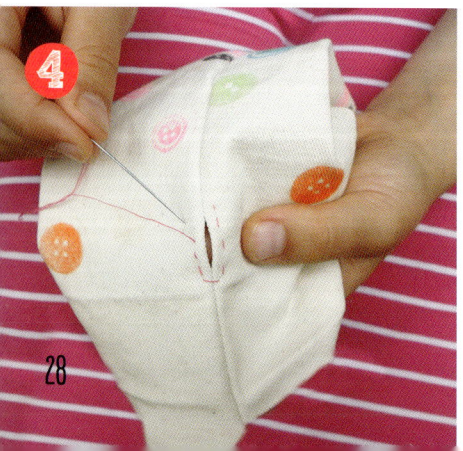

MURMELBEUTEL

Material

* 5 Knöpfe
* Heißklebepistole
* 5 Korken
* Nesselstoff, 30 cm x 25 cm (oder ein fertiger Baumwollbeutel)
* Textilstempelkissen in 5 verschiedenen Farben
* Stecknadeln
* Nadel und Faden
* Kordel
* Sicherheitsnadel

**Endlich ein schöner Platz für deine Murmeln!
In diesem Beutel rollen sie dir nicht weg.**

Zuerst machst du dir ein paar Knopfstempel: Suche dir fünf unterschiedliche Knöpfe und klebe sie mit Heißkleber auf Korken **❶**.

Jetzt nimmst du deinen Stoff und stempelst die Knöpfe darauf: unten ganz viele, oben nur wenige. Nimm für jeden Stempel ein anderes Stempelkissen, dann brauchst du zwischendurch die Knöpfe nicht zu reinigen **❷**.

Wenn du mit dem Muster zufrieden bist, lässt du die Stempel-farbe gut trocknen und bügelst den Stoff von der Rückseite, um die Farbe zu fixieren.

Jetzt nähst du den Beutel: Bügele die obere Längskante 1 cm um. Dann knickst du noch mal etwa 3 cm um und bügelst wieder über die Kante. Anschließend faltest du das Stück wieder auseinander. Nun lege die kurzen Stoffkanten auf-einander. Das Muster ist innen. Stecke die Kanten ab **❸**.

Nähe den Beutel unten und an der Seite mit der Nähmaschine zusammen, lasse dir gegebenenfalls von einem Erwachsenen dabei helfen. Wichtig: Lasse aber an der Seite unterhalb der zweiten Bügelfalte eine Öffnung von 1,5 cm. Wende den Beutel und nähe mit ein paar Stichen den Stoff um die kleine Öffnung fest ❹.

Dann faltest du die Bügelkanten nach innen und nähst den Tunnel für die Kordel ❺.

Ziehe die Kordel mit einer Sicherheitsnadel durch den Tunnel ❻ + ❼.

VORLAGEN

Coole Tattoos
(Seite 16)

**Kringeliger
Bücherwurm**
(Seite 6)

Ferientagebuch
(Seite 15)

Superhelden-Alarm
(Seite 13)

IMPRESSUM

Alle Tipps und Informationen in diesem Buch sind sorgfältig
ausgewählt und geprüft. Dennoch können weder Urheber
noch Verlag eine Garantie übernehmen. Eine Haftung für
Personen-, Sach- und Vermögensschäden ist ausgeschlossen.

Haftungsausschluss für Links

Urheber und Verlag haften nicht für Schäden, die
durch das Aufrufen der im Buch aufgeführten Internetseiten oder die Verwendung ihrer Inhalte entstehen.
Weblinks können sich ändern oder veralten. Für alle
im Buch aufgeführten Internetseiten, deren Inhalte
und die technische Sicherheit sind ausschließlich deren
Betreiber verantwortlich.

5 4 3 2 1   20 19 18 17 16
ISBN 978-3-649-66895-4
© 2016 Coppenrath Verlag GmbH & Co. KG,
Hafenweg 30, 48155 Münster, Germany
CH: Baumgartner Bücher AG,
Centralweg 16, 8910 Affoltern a. A.

Alle Rechte vorbehalten, auch auszugsweise

Anleitungen: Katja Enseling,
Honigkukuk, www.honigkukuk.de
Fotos: Ruth Niehoff, www.libellen-werkstatt.de
Layout: Ute Kleim
Satz: Dominique Rossi

Printed in Italy
www.coppenrath.de